AF457778

29 octobre 1913

MEUBLE DE SALON

OBJETS D'ART

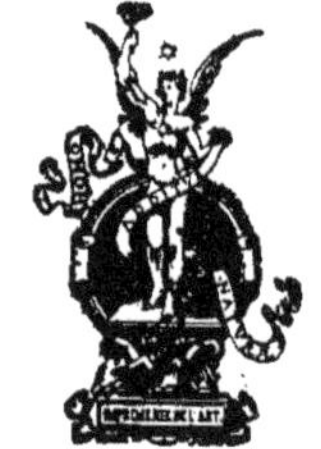

CATALOGUE

DE

Meuble de Salon

COMPOSÉ DE

UN CANAPÉ ET SEPT FAUTEUILS

Couverts en Ancienne Tapisserie d'Aubusson

DU XVIIIe SIÈCLE

Appartenant à Madame de M...

FAIENCES ET PORCELAINES

ANCIENNES

PORCELAINES MONTÉES

BRONZES, OBJETS VARIÉS

Sièges et Meubles Anciens

TAPISSERIES ANCIENNES

TABLEAUX ET DESSINS ANCIENS

Appartenant à Divers

DONT LA VENTE AURA LIEU A PARIS

HOTEL DROUOT, SALLE N° 11

LE MERCREDI 29 OCTOBRE 1913

A deux heures

COMMISSAIRE-PRISEUR

Me ANDRÉ DESVOUGES

Successeur de M. Maurice DELESTRE

26, rue de la Grange-Batelière

EXPERT

M. ÉDOUARD PAPE

Expert près le Tribunal civil de la Seine

174, rue du Faubourg-Saint-Honoré

EXPOSITION PUBLIQUE

Le Mardi 28 Octobre 1913, de deux heures à six heures

CONDITIONS DE LA VENTE

Elle sera faite au comptant.

Les adjudicataires paieront *dix pour cent* en sus des enchères.

Paris. — Imp. de l'Art, Ch. Berger, 41, rue de la Victoire.

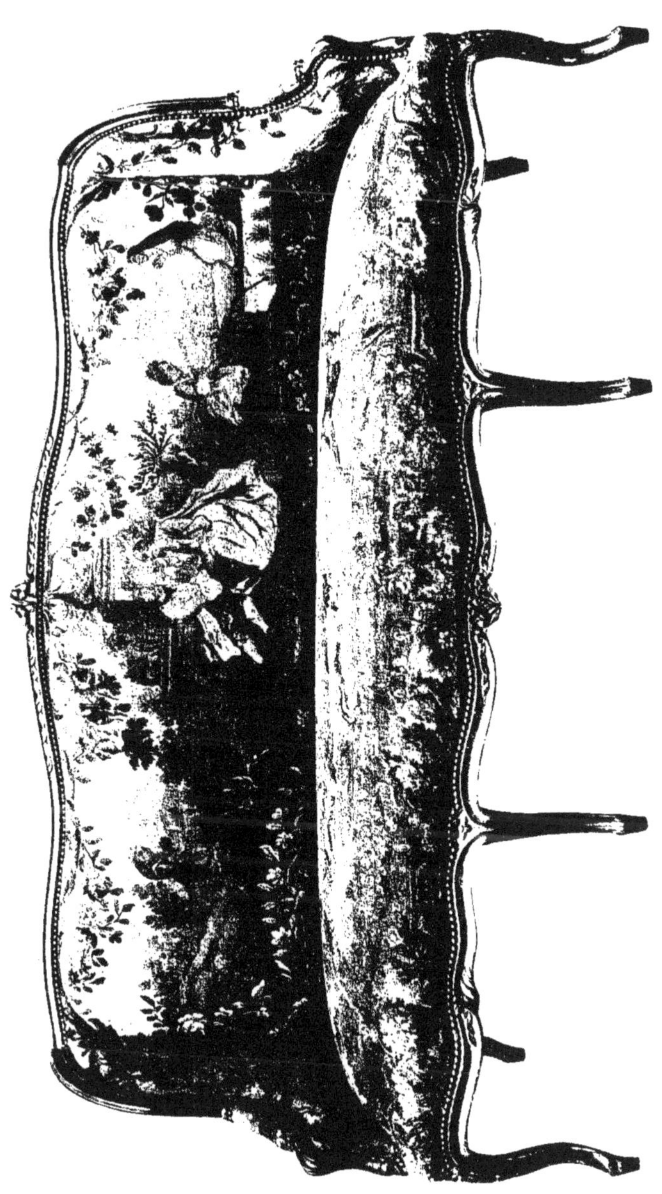

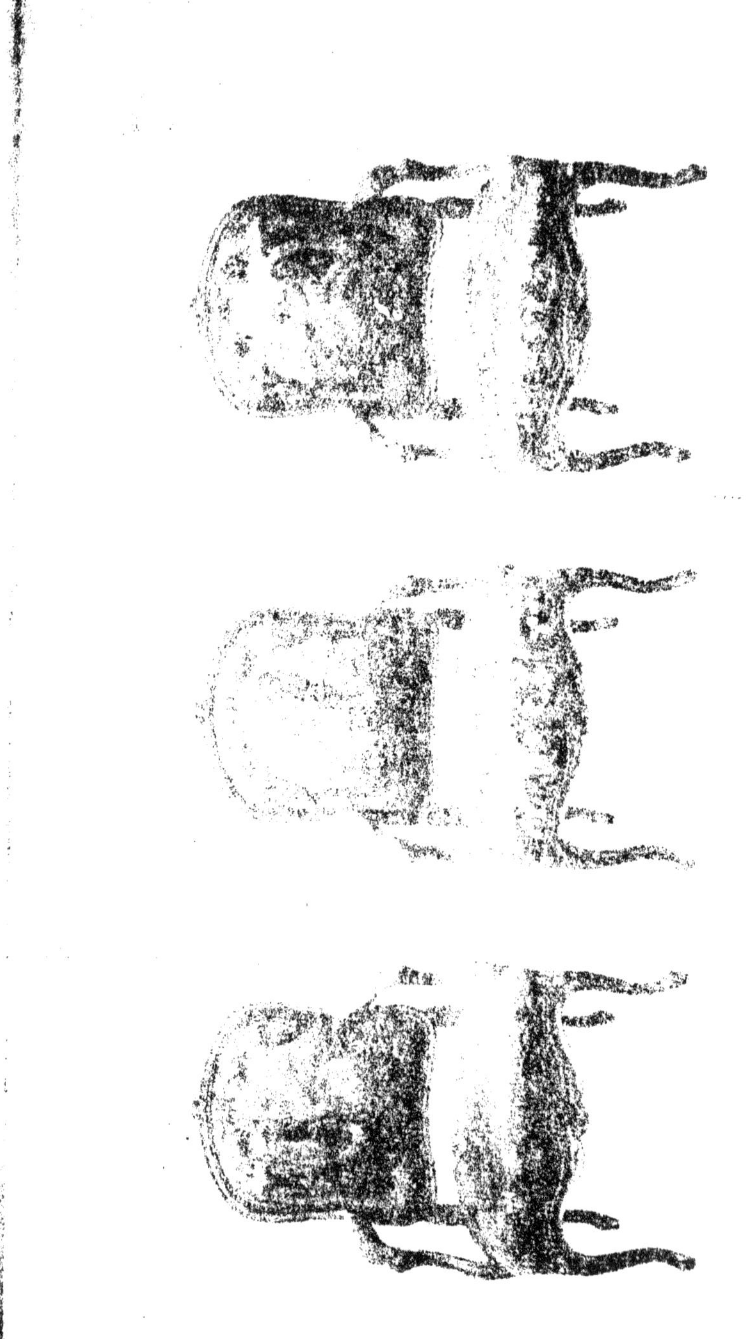

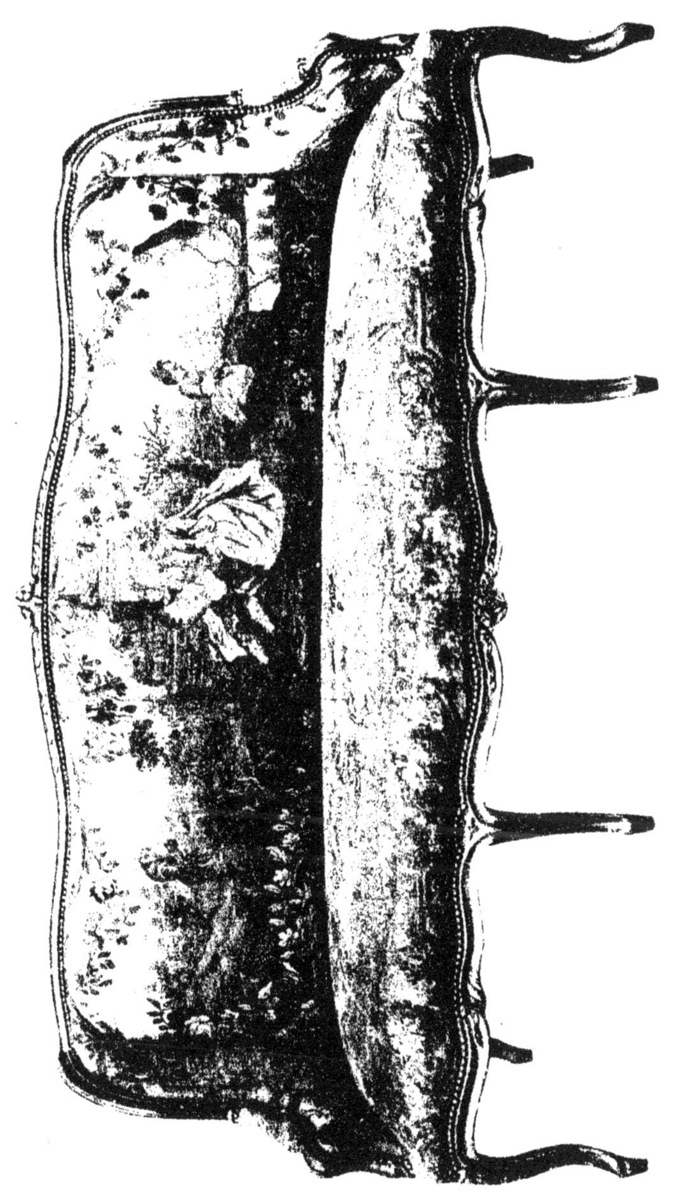

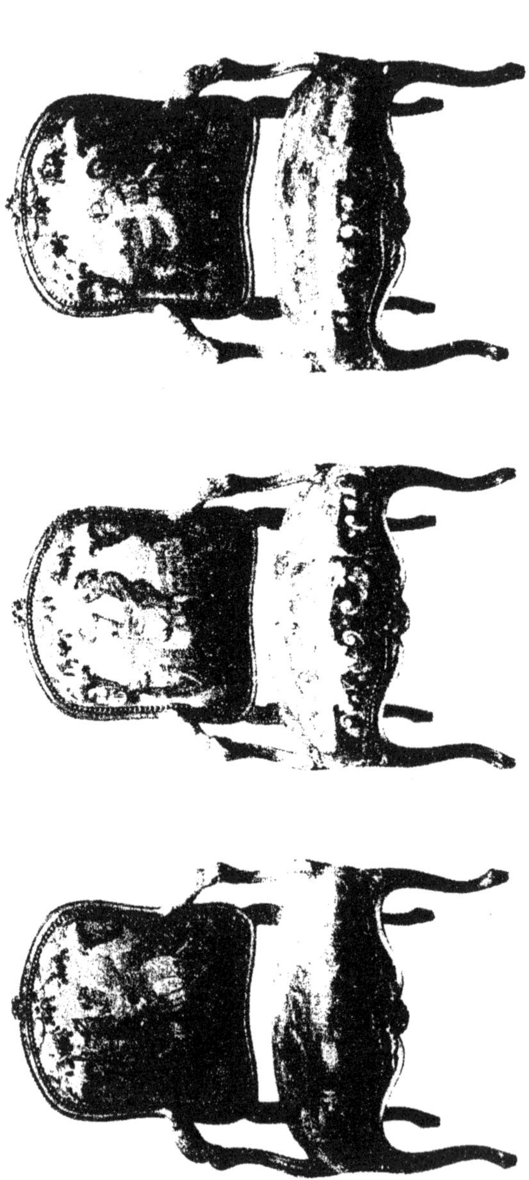

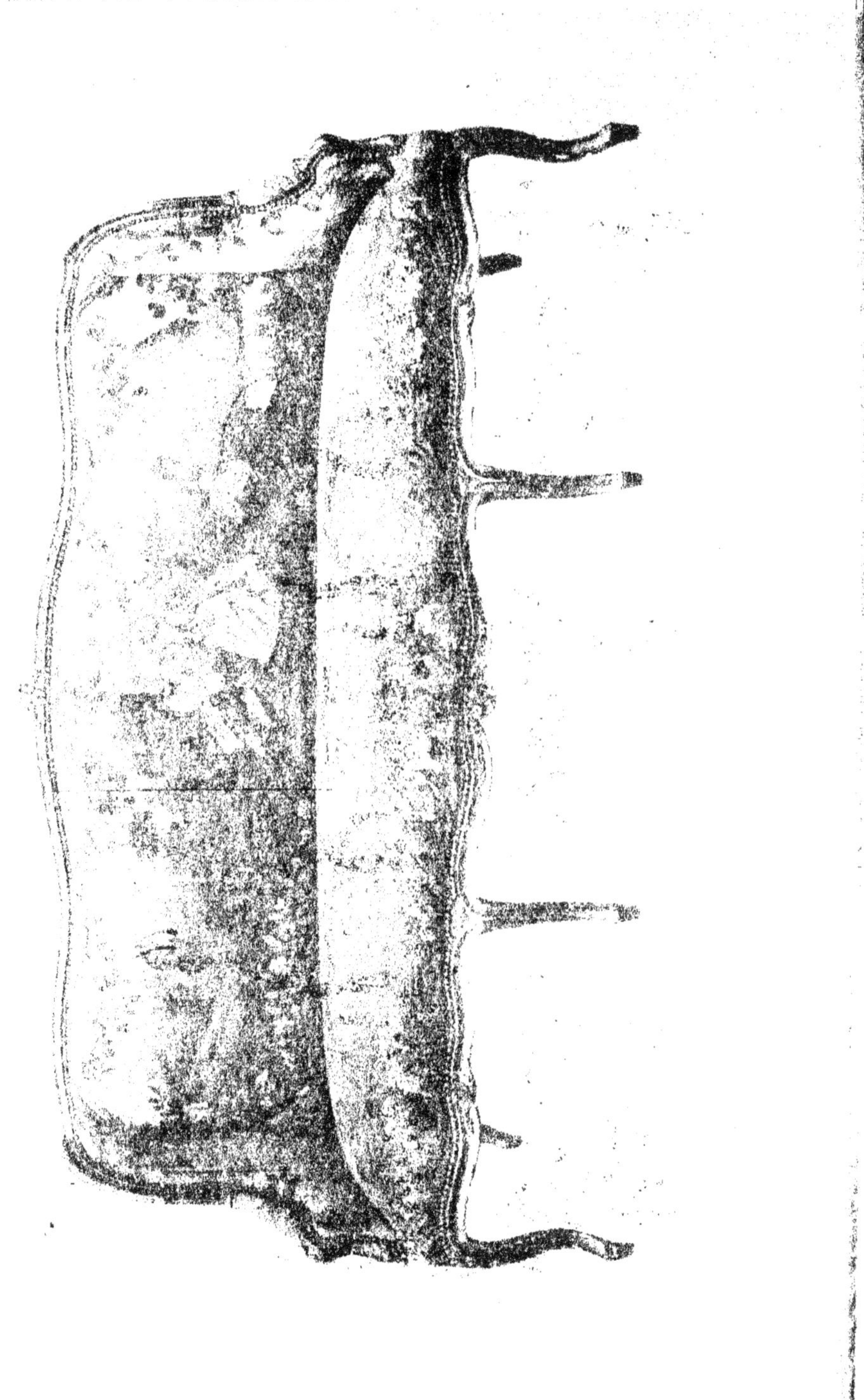

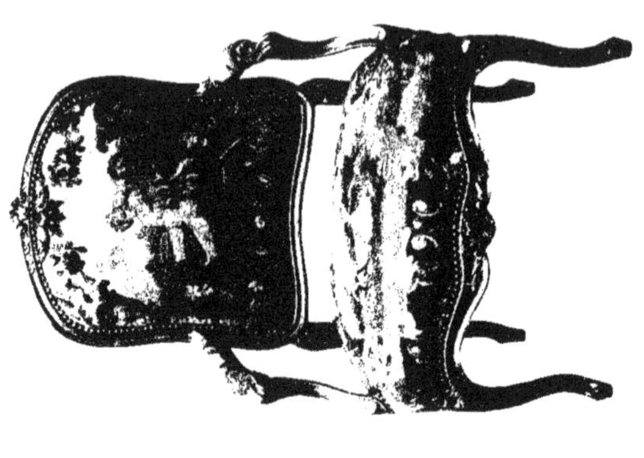
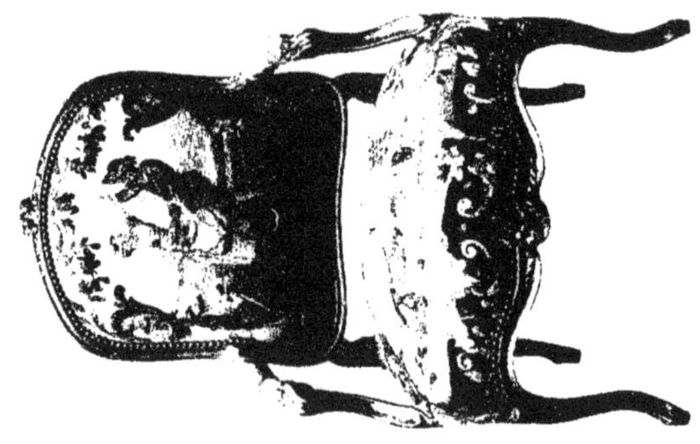
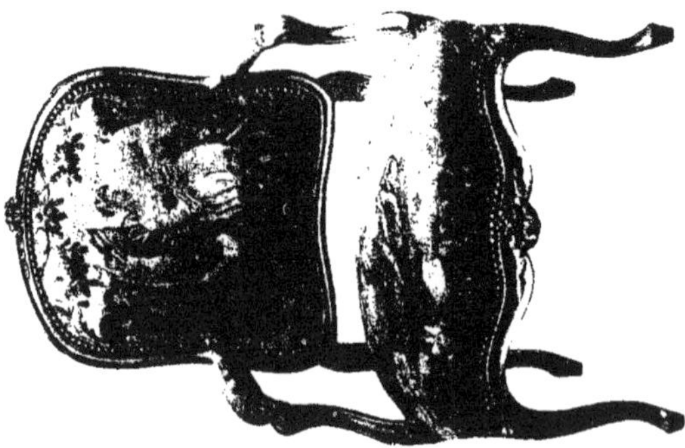

DÉSIGNATION

AMEUBLEMENT DE SALON

1 — Ameublement de salon, composé d'un canapé et de sept fauteuils, présentant des scènes galantes à petits personnages sur les dossiers et sur les sièges des sujets tirés des fables de La Fontaine, avec encadrements de guirlandes de fleurs. Aubusson, XVIIIe siècle.

FAIENCES ANCIENNES

2 — **Delft**. Potiche couverte, forme balustre, à larges réserves décorées d'oiseaux et de scènes chinoises maritimes. Décor camaïeu bleu.

3 — **Delft**. Potiche couverte, forme balustre, offrant un cartouche encadré de rocailles en relief et décorée d'une paysanne en camaïeu bleu.

4 — **Delft**. Potiche couverte, décorée en camaïeu bleu d'un berger jouant de la flûte près de son chien.

5 — **Delft**. Six assiettes, décors polychromes divers.

6 — **Delft**. Deux plats, décor polychrome.

7 — **Hispano-Mauresque**. Plat, décoré, au centre, d'un grand oiseau entouré de fleurs et d'autres oiseaux stylisés.

8 — **Hispano-Mauresque**. Plat à ombilic, décoré au marli de feuilles en creux et de brindilles et ornements divers.

9 — **Hispano-Mauresque**. Plat à ombilic, à décor de feuillages quadrillés et de branchages.

10 — **Hispano-Mauresque**. Plat creux à ombilic, en partie décoré d'une vache et d'un échassier entourés de brindrilles. Godrons au marli.

11 — **Italie**. Très grand plat, offrant au centre la Vierge et l'Enfant. Au marli, arabesques polychromes.

12 — **Italie**. Vase-pot-pourri, forme boule, côtelé et percé de trous. Il est décoré de Chinois et de volatiles polychromes.

13 — **Nevers**. Plat présentant des personnages, des oiseaux, des plantes et au fond un château. Décor camaïeu bleu.

14 — **Nevers**. Grand plat, présentant Persée délivrant Andromède. Décor camaïeu bleu.

15 — **Rhodes**. Petit plat, décoré au centre d'une palme, de fleurs et tulipes stylisées et de branchages polychromes.

16 — **Rhodes**. Petit plat, décoré d'arabesques et ornements formant au centre une sorte de rosace.

17 — **Strasbourg**. Deux assiettes, décor de fleurs polychromes.

18 — **Fabriques diverses**. Lot d'assiettes et de plats.

PORCELAINES ANCIENNES

19 — **Allemagne**. Boîte à thé, décor de bouquets de fleurs polychromes.

20 — **Berlin**. Deux petites coupes, forme feuille. Fabrication moderne.

21 — **Chantilly**. Deux vases de fleurs. Porcelaine blanche.

22 — **Chantilly**. Sucrier à poudre et sa cuiller. Décor camaïeu bleu à la brindille.

23 — **Chine**. Assiette, décor de scènes chinoises, réserves à attributs, bords et fond clathrés. Époque Kien-lung.

24 — **Chine**. Deux petits vases. Céladon, fond bleu.

25 — **Chine**. Vase, en forme de fruit. Céladon.

26 — **Chine**. Trois soucoupes et deux tasses polychromes.

27 — **Chine**. Pichet, à décor polychrome d'oiseaux et de branches fleuries. Époque Kang-shi.

28 — **Chine**. Petite potiche couverte, à décor de fleurs et branchages en camaïeu bleu.

29 — **Chine**. Quatre assiettes, décorées au centre d'arbustes, de fleurs, d'attributs et au marli de lambrequins et fleurs polychromes. Époque Kien-lung.

30 — **Chine**. Plat rond, orné au centre de corbeilles de fruits et d'un arbre fleuri. Au marli, réserves à bords contournés semées de fleurs polychromes. Époque Kien-lung.

31 — **Chine**. Plat rond, orné au centre de bambous fleuris et au marli de fruits, feuilles et fleurs en couleurs. Époque Kien-lung.

32 — **Chine**. Plat analogue.

33 — **Chine**. Plat, même décor, mais plus grand.

34 — **Chine**. Plat à barbe, orné au centre d'un vase et d'une corbeille fleuris et au marli de réserves à attributs sur fonds clathrés ou losangés. Époque Kien-lung.

35 — **Chine**. Plat, décoré de deux grands échassiers près d'arbres verts. Époque Kang-shi.

36 — **Indes**. Assiette, à réserves de bouquets de fleurs polychromes.

37 — **Japon**. Cinq soucoupes et trois tasses.

38 — **Lille**. Douze assiettes plates, décor de bouquets de fleurs polychromes. Filets marrons.

39 — **Lille.** Quatre assiettes creuses, même décor. Filets violets.

40 — **Lille.** Dix assiettes plates, même décor. Filets violets.

41 — **Locré.** Deux jeunes femmes se faisant pendant. L'une se penche pour regarder des colombes et l'autre une corbeille. Biscuits.

42 — **Paris.** Poêlon, à ornements dorés.

43 — **Paris.** Pot de toilette, à semis de pensées polychromes portant les initiales M. D. *Fabrique du faubourg Saint-Lazare.* Marque de *Charles-Philippe, comte d'Artois.*

44 — **Paris.** Écuelle à bouillon et son plateau, décorés d'un semis de roses polychromes et de lambrequins au marli. *Manufacture du duc d'Orléans.*

45 — **Paris.** Tasse et soucoupe, à réserves de fleurs polychromes sur fond d'or. Époque Empire.

46 — **Paris.** Cabaret, composé d'un plateau, d'une théière, d'un crémier, de deux tasses et de deux soucoupes, décoré de bandes bleues à rehauts d'or. Marque de la *porcelaine à « la Reine ». Fabrique de la rue Thiroux.*

47 — **Saxe.** Deux cygnes, décor au naturel.

48 — **Saxe.** Vase, forme ovoïde, décoré de gros bouquets de fleurs polychromes.

49 — **Saxe**. Deux tasses, décor de fleurs.

50 — **Saxe**. Quatre tasses, décor polychrome de fleurs et personnages. *Fabrication moderne.*

51 — **Saxe** (?). Pied de candélabre formant encrier.

52 — **Saxe**. Petit lot de fleurs polychromes.

53 — **Saxe**. Petite tasse couverte et son présentoir, décorés de sujets galants et sur les bords d'un fond bleu bâtonné d'or.

54 — **Saxe**. Coupe, en forme de feuille, presque entièrement couverte par une large fleur polychrome.

55 — **Saxe**. Coupe, en forme de feuille, à décor de fleurs polychromes.

56 — **Sèvres**. Verseuse, au chiffre de Napoléon.

57 — **Sèvres**. Sucrier en pâte tendre, à jeté de fleurs polychromes.

58 — **Sèvres**. Théière en pâte tendre, du même service.

59 — **Sèvres**. Buste de Louis XV, sur piédouche, en ancien biscuit pâte tendre.

60 — **Sèvres**. Petit sucrier en pâte tendre, à semis de roses polychromes.

61 — **Sèvres.** Tasse droite en pâte tendre, à bordures bleues sur lesquelles court un ruban jaune où s'accrochent des guirlandes polychromes.

62 — **Sèvres.** Tasse droite, pâte dure, présentant sur un fond corail un vase où s'enroulent des guirlandes de fleurs, et deux cartouches à attributs.

63 — **Sèvres.** Cache-pot en ancienne pâte tendre, décoré de guirlandes de fleurs et de bandes fond bleu.

64 — **Tournai.** Tasse et soucoupe à bords bleus et or, à médaillons d'oiseaux polychromes du service, dit de *Buffon*.

65 — **Tournai.** Assiette à décor d'oiseaux polychromes. Dentelles d'or au marli.

66 — **Tournai** (?). Petit personnage portant un fagot. Porcelaine blanche.

67 — **Vienne.** Quatre coupes, à bords rocailles ajourés. Décor de fleurs polychromes.

TABLEAUX ANCIENS

DESSIN, GRAVURES

68 — Quatre gravures encadrées, d'après MONDON BOUCHER.

MAS (Attribué à NICOLAS)

69 — *Portrait de Femme.*

ÉCOLE FRANÇAISE (XVIIIe siècle)

70 — *Intérieur de Ferme.*

INCONNU

71 — *Portrait de Molière.*
Dessin.

72 — *Deux portraits d'Homme et de Femme.* XIXe siècle.

PORCELAINES MONTÉES

BRONZES, PENDULE

73 — Vase en porcelaine de Chine émaillée, monture en bronze ciselé et doré, de style Louis XV.

74 — Deux pieds en bronze ciselé et doré, de style Louis XIV.

75 — Paire de girandoles, à cinq lumières, en bronze ciselé et doré, ornées de fleurs et de fruits en cristal de roche. Style Louis XV.

76 — Candélabre, à huit lumières, en bronze ciselé et doré, orné de plaquettes et d'étoiles en cristal.

77 — Paire de chenets, à motifs rocaille, couronnés d'enfants figurant les Saisons. Époque Louis XV.

78 — Coupe, formée d'une petite vasque et d'un lion de Fô, en ancien céladon de la Chine. Monture en bronze ciselé et doré. Style Louis XV.

79 — Encrier, formé d'un animal chimérique, en céladon de la Chine. Monture en bronze ciselé et doré.

80 — Paire d'appliques, à deux lumières, en bronze ciselé et doré.

81 — Paire d'appliques, à une lumière, en bronze. Époque Louis XV.

82 — Paire de candélabres, à trois lumières, en bronze ciselé et doré, ornés d'un animal chimérique en grès de Chine fond jaune.

83 — Petites appliques en cuivre, à effigies d'un couple royal. Époque Louis XVI.

84 — Paire de chenets, motifs rocaille, en 'bronze ciselé et doré. Époque Régence.

85 — Vase en céladon. Monture en bronze.

86 — Vase, de forme surbaissée, en céladon de la Chine. Monture en bronze ciselé et doré.

87 — Pendule-applique et son socle, vernis Martin, fond rouge. Bronzes dorés. Époque Louis XV.

88 — Belle vasque, à réserves de personnages, oiseaux et attributs, dont les bords ajourés en forme de lambrequins sont couverts d'émaux de couleur sur fond vert. Époque Kang-shi. Monture en bronze doré et ciselé.

89 — Deux lampes, en forme de colonne. Bronze patiné. Époque Restauration.

OBJETS VARIÉS

90 — Boite cartonnage, petites fleurs sous couvercle en verre.

91 — Boite étain, fleurs en relief.

92 — Trois soucoupes et cinq tasses en laque du Japon.

93 — Deux petits flacons, verre peint. XVIIIe siècle.

94 — Deux salières, modèle de Saxe, plâtre peint.

95 — Miniature d'homme, vu de profil. Signée : *Sauvage.*

96 — Boite, de forme ronde. Travail de *Bagard.* Époque Louis XVI.

97 — Plumier. Ancien travail persan.

98 — Feuille d'éventail. Signée : *Nittis.*

DENTELLES

99 — Lot comprenant : Point d'Angleterre, Application d'Angleterre, Flandres, Chantilly, Blonde, Bruges, Malines. (Sera divisé.)

LUSTRES

100 — Lustre, à vingt lumières, en bronze ciselé et doré, garni de cristaux. Époque Empire.

101 — Lustre, à six branches et dix-huit lumières, à pendeloques de cristal de roche et motifs de verre.

CHAISES, MEUBLES
ANCIENS

102 — CHAISE LONGUE en deux parties. Époque Louis XV.

103 — FAUTEUIL à coiffer.

104 — PETITE TABLE, à quatre pieds et à entrejambes, en forme d'X. Époque Louis XIII.

105 — GLACE, à encadrement de motifs d'argent, de verres et cristaux, en forme de fleurs.

106 — GLACE, à enroulements de branchages fleuris et trophées d'instruments de musique en bois sculpté peint blanc. Époque Louis XV.

107 — GRANDE GLACE, à ornements dorés et estampés en relief. XVIIe siècle.

108 — LIT peint en blanc, à motif d'enroulements de rubans, de rais-de-cœur et de piastres. Époque Louis XVI.

109 — ARMOIRE bretonne en noyer sculpté. Époque Louis XIV.

110 — PETITE COMMODE en marqueterie de bois de placage, de forme mouvementée, à deux tiroirs. Chutes, sabots, poignées en bronze ciselé et doré. Époque Louis XV.

111 — CHAISE en noyer, dossier mouvementé, pieds galbés à entrejambes. Époque Louis XV.

112 — NÈGRE portant une corbeille, en forme de palmier. Bois sculpté, en partie doré.

113 — CHAISE en noyer, à ornements rocaille. Époque Louis XV.

114 — GLACE, à encadrement rocaille et guirlandes de fleurs.

115 — TABLE A JEU en acajou, de forme rectangulaire.

116 — BELLE COMMODE en acajou, à trois rangs de tiroirs cantonnés entre deux pilastres cannelés. Entrées, anneaux de tirage, sabots et bagues en cuivre. Dessus en marbre gris. Signée : *F. Schey*. Époque Louis XVI.

117 — PETIT CHIFFONNIER en marqueterie de bois de rose, à six tiroirs. Dessus en marbre gris. Époque Louis XVI.

118 — PETITE TABLE, forme tambour, en marqueterie de damiers, à pieds cambrés, dont la porte à coulisse découvre trois tiroirs intérieurs. Fin de l'époque Louis XV.

119 — HARPE, finement sculptée de fleurs, rinceaux, tête d'enfants et présentant de nombreuses peintures de guirlandes, couronnes attributs des Sciences et des Arts. Elle porte l'estampille de *Naderman à Paris*. Époque Louis XVI.

120 — FAUTEUIL, recouvert de tapisserie au point. Époque Louis XV.

121 — PETITE TABLE DE TOILETTE en marqueterie de bois de violette. Époque Louis XV.

TAPIS, ÉTOFFES ANCIENNES

TAPISSERIES ANCIENNES

122 — Tapis persan, à motifs d'animaux et de volatiles sur fond bleu.

123 — Tapis d'Orient, de forme rectangulaire.

124 — Un lot d'étoffes anciennes.

125 — Bordure de tapisserie, à sujets de fleurs. Aubusson, XVIIIe siècle.

126 — Tapisserie, présentant au premier plan un oiseau au milieu de plantes et de verdures. Au second plan, un château. Aubusson, XVIIIe siècle.

127 — Tapisserie, présentant un paon et des canards se baignant dans un bassin. Au fond, un petit kiosque. Aubusson, XVIIIe siècle.

128 — Objets omis.

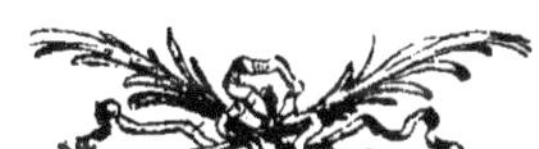

www.ingramcontent.com/pod-product-compliance
Ingram Content Group UK Ltd.
Pitfield, Milton Keynes, MK11 3LW, UK
UKHW020524180726
13839UKWH00005B/2303